**Unsere Welt ist wertvoll –**
**Ein Projekt zur Nachhaltikeit für Kinder**
1. Auflage, Februar 2013
© 2013 Wehrfritz GmbH
Alle Rechte vorbehalten.

Konzeption, Texte und Anleitung: Beatrix Hirsch
Grafische Gestaltung: Nina Schmitt, Stefanie Mose
Lektorat: Karin Schneider
Fotografie: Kinderkrippe Luise Habermaaß und Fotostudio HABA-Firmenfamilie

Druck: Sachsendruck Plauen GmbH

Bestell-Nr.: 087577
ISBN 978-3-941805-36-1

# Unsere Welt ist wertvoll

Nachhaltigkeit mit Kindern entdecken

Kinderkrippe

# Inhaltsverzeichnis

# Engergie

„Die größte Sehenswürdigkeit,
die es gibt, ist die Welt -
sieh sie dir an."

Kurt Tucholsky

# Wertvolle Projekt-Erkenntnisse

# 💡 Projektidee

Das Thema Nachhaltigkeit ist in aller Munde. Doch wie können wir in der frühkindlichen Entwicklung eine Grundlage für einen verantwortungsbewussten Umgang mit unserer Welt schaffen? Führen wir den Kindern vor Augen, wie wertvoll unsere Welt ist! In kleinen Schritten nähern wir uns den großen Zusammenhängen. Besonders für die häufig übersehenen Dinge am Wegesrand lassen Kinder sich gerne begeistern. Nicht selten haben sie hierbei zum ersten Mal in ihrem Leben einen Käfer, einen Regenwurm oder eine Schnecke in ihrer Hand. Mit einer solchen Annäherung bereiten wir den Boden für das Körnchen, aus dem das Bewusstsein für unsere Umwelt wachsen kann. Dieses Buch soll eine Anregung aus der Praxis für die Praxis sein, wie die Themen Ernährung, Müll und regenerative Energien spielerisch und nachhaltig umgesetzt werden können.

# 📋 Projektplanung

Um sich nicht zu verzetteln, sollte man sich dabei immer wieder fragen: Sind wir noch am Thema? Was interessiert die Kinder momentan? Sind sie unter- oder überfordert? Auch für Kolleginnen und Kollegen, die krank oder im Urlaub waren, sind diese Überlegungen eine große Hilfe.

# Projektanliegen

„Du bist zeitlebens für das verantwortlich, was du dir vertraut gemacht hast"*, sagte der Fuchs zum kleinen Prinzen, nachdem dieser ihn gezähmt hatte. Um Kinder an die Verantwortung für unsere Umwelt heranzuführen, müssen sie diese also zunächst kennen- und lieben lernen. Unser Ziel ist es daher, die Kinder mit unserer Welt und deren Ressourcen „vertraut" zu machen. Ein respektvoller Umgang mit der Umwelt, ein Bewusstsein für gesunde Lebensmittel, Sprache und Literacy sollen so gefördert werden. Am Beispiel der Ernährung zeigen sich die Auswirkungen der Globalisierung und der damit verbundenen Entfremdung sehr eingängig: Der Konsum ist von den Jahreszeiten entkoppelt, Erdbeeren gibt es schon im Dezember. Immer mehr Kinder wissen nicht, woher die Kartoffel kommt und können Schaf und Kuh nicht mehr auseinanderhalten. Aber auch ein Kennenlernen der Müll-Thematik und der erneuerbaren Energien ist Ziel des Projekts. Denn erst durch eine solche Vertrautheit wird die Welt als wertvoll wahrgenommen.

* Zitat aus „Der kleine Prinz", Antoine de Saint-Exupéry

# Projektdurchführung

## Was?

Das Projekt „Unsere Welt ist wertvoll" lässt Kinder den Zusammenhang zwischen ihrem eigenen Befinden und der Umwelt erfahren. Wie die Kultur mit der Ernährung zusammenhängt und wie die Industrialisierung unsere Gewohnheiten verändert hat, sind spannende Themen. Der Umgang mit Abfallprodukten wird bewusst gemacht, der Frage nach der Müllvermeidung und Wiederverwertung wird nachgegangen. Das Thema regenerative Energien wird für die Kleinen erfahrbar aufbereitet.

## Wann?

Schon im Morgenkreis kann die gesamte Gruppe angesprochen werden. In dieser Zeit können alle Beteiligten mit ins „Projekt-Boot" geholt werden, weil dabei alle pädagogischen Fachkräfte anwesend sind. So werden einige Angebote in die reguläre konzeptionelle Arbeit integriert. Es bietet sich aber auch an, die Kinder in Kleingruppen aufzuteilen.

## Wie?

Sie finden in diesem Buch Ideen für die Umsetzung des Themas im Freispiel, im Garten, im Mal-, Matsch- sowie im Bewegungsraum. Alle Basiskompetenzen sollen angeregt werden. Neben einer differenzierten Wahrnehmung wird die physische Kompetenz durch vielfältige Bewegungsangebote gefördert. Aktives Zuhören, Sprechen und Literacy stärken die kognitive und soziale Kompetenz. Kreatives Gestalten regt die Fantasie und Denkfähigkeit an. Bei allen Angeboten wäre es praktisch, wenn ein/e Kollege/in die Foto- und Videodokumentation übernehmen kann. Natürlich müssen die einzelnen Aktivitäten nicht chronologisch aufeinander folgen – gerade bei den unter Drei-Jährigen sollte man sich von den Themen leiten lassen, die für die Kinder gerade interessant sind. Dafür ist eine genaue Beobachtung ihrer Bedürfnisse, was die Kinder zurzeit besonders gerne spielen und was sie thematisieren, wichtig.

Projekt zum Thema Joghurt selbst herstellen

## Wie lange?

Wie schon bei dem vorangegangenen Kunst- und Farbenprojekt*, wollen wir auch hier zu einer langfristigen Auseinandersetzung mit dem Thema anregen. Das Projekt beschäftigte uns ungefähr sechs Monate intensiv und konnte so ganzheitlich – mit Kopf, Herz und Verstand – umgesetzt werden.

**Buchtipp:**
* „Unsere Welt ist voller Farben. Ein Kunst- und Farbenprojekt für Kinder unter 3 Jahren",
März 2010, Wehrfritz GmbH.

# Lebensmittel kennenlernen

Kennen die Kinder die heimischen Gemüse und Obstsorten?

Können sie zwischen Hunger und Appetit unterscheiden?

Ist Essen für sie reine Nahrungsaufnahme oder ein Genuss mit allen Sinnen? Wissen sie, wie einfache Lebensmittel hergestellt werden?

Dies sind Fragen, die durch die Globalisierung und Industrialisierung entstehen können. Im Supermarkt ist alles immer verfügbar und kommt oft von weither.

Selbst Erwachsene tun sich schwer, jahreszeitengemäß einzukaufen, weil das Wissen, was Wintergemüse ist und wann Erdbeeren bei uns reifen, verloren geht.

Die Lebensmittel zu benennen und sie in einen Jahreszeitenkalender einzuordnen, macht den Kindern viel Spaß und vermittelt ihnen wertvolles Wissen. Für viele ist es eine neue Erfahrung, das Gemüse oder Obst zu fühlen und nicht alles schon gekocht oder geschnitten vorgesetzt zu bekommen.

Das gemeinsame Kochen und Backen lässt die Kinder unmittelbar am Herstellungsprozess teilhaben und ermuntert sie, den einstmals unbekannten Kürbis oder Fenchel zu probieren – denn sie wurden ihnen vertraut gemacht!

Geben wir Kindern eine Orientierungshilfe. Grob lassen sich Lebensmittel in pflanzliche, wie Obst und Gemüse, und tierische einteilen. Mit jeweils einem davon wollen wir uns intensiv auseinandersetzen. Wir haben uns dafür den Apfel, die Bohne und das Ei ausgesucht.

Kinder lernen die verschiedenen Obst- und Gemüsesorten spielerisch kennen

# Rund um den Apfel

## Fingerspiel
## „Der Apfel"

*Fünf Finger stehen hier und fragen:*
*„Wer kann diesen Apfel tragen?"*
*Der 1. Finger kann es nicht,*
*der 2. sagt: „Zu viel Gewicht!"*
*Der 3. kann ihn auch nicht heben,*
*der 4. schafft das nie im Leben.*
*Der 5. aber spricht: „Ganz allein,*
*so geht das nicht!"*
*Gemeinsam heben kurz darauf*
*5 Finger diesen Apfel auf.*

Autor unbekannt

# „In meinem kleinen Apfel"

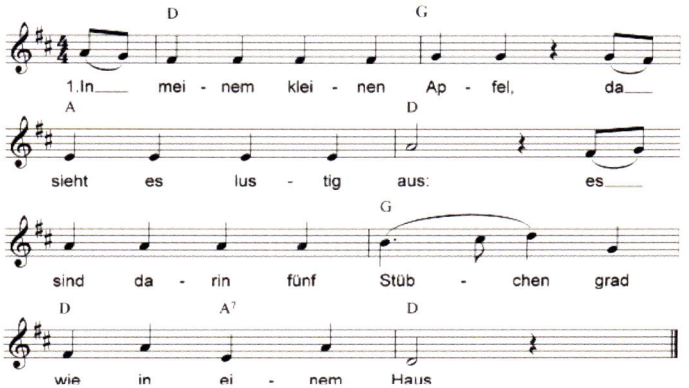

1.In meinem kleinen Apfel, da
sieht es lustig aus: es
sind darin fünf Stübchen grad
wie in einem Haus

*In jedem Stübchen wohnen*
*zwei Kerne braun und klein.*
*Sie schlafen dort und träumen*
*vom warmen Sonnenschein.*

*Und alle Apfelkerne,*
*die haben diesen Traum,*
*dass einst aus ihnen werde*
*ein neuer Apfelbaum.*

*Wenn wir den Apfel essen,*
*dann kommen sie heraus.*
*Wir tun sie in die Erde*
*im Garten vor dem Haus.*

*Dann wird aus jedem Kerne*
*ein Baum, der wächst heran.*
*Ein Baum mit grünen Blättern*
*und vielen Äpfeln dran.*

*Sie träumen auch noch weiter,*
*gar einen schönen Traum,*
*wie sie einst werden hängen*
*am schönen Weihnachtsbaum.*

# Klanggeschichte
# Die Katze und der Apfelbaum

*Die Katze schleicht, man hört es kaum*
*um Nachbars vollen Apfelbaum.*
Mit den Fingerspitzen auf die Handtrommel klopfen

*Sehnsüchtig blickt sie hoch empor,*
Einen hohen Ton auf dem Glockenspiel anschlagen

*da schaut ein Eichhörnchen hervor.*
Auf die Holzblocktrommel schlagen

*Es lässt für sie ´nen Apfel fallen,*
*die Katze greift ihn mit den Krallen.*
Einmal auf die Handtrommel schlagen

*Schnell verschwindet sie ums Eck*
*und rollt den Apfel ins Versteck.*
Einmal auf die Handtommel schlagen

# Apfeldruck

*Wir* **stellen Farbe selbst her** *und* **drucken mit Apfelhälften:**

*100 ml Wasser*
*4 Esslöffel Mehl*
*Lebensmittelfarben*
*oder Spinat, Rote*
*Beete, Blaubeeren ...*

Buchtipp:
„Unsere Welt ist
voller Farben.“
März 2010, Wehrfritz GmbH

## Bewegungsspiel
# „Apfelpflücken"

Ich hol mir eine Leiter und stell sie an den Apfelbaum,
*Mit den Händen das Greifen und Hinstellen der Leiter darstellen*

dann steig ich immer weiter, so hoch, man sieht mich kaum.
*Mit Händen und Füßen Kletterbewegungen machen*

Ich pflücke, ich pflücke, mal über mir, mal unter mir.
Ich pflücke, ich pflücke und falle nicht hinab.
*Mit der Hand oberhalb und unterhalb des Körpers Pflückpantomime machen*

Dann steig ich immer weiter und halt mich an den Zweigen fest.
*Mit Händen und Füßen Kletterbewegungen machen*

Dann setz ich mich gemütlich auf einen dicken Ast.
*Pantomimisch in die Hocke setzen*

Ich wippe, ich wippe, diwippdiwapp, diwippdiwapp.
Ich wippe, ich wippe und falle nicht hinab.
*In der Hocke sitzend wippen*

Kricks, knacks, plums…
*Aus der Hocke auf den Boden umfallen = Hinabfallen vom Baum*

Quelle: James Krüss: „So viele Tage wie
das Jahr hat", München (o.J.).

# Rund um die Bohne

Bohnen eignen sich als Samen besonders gut, um das Wachstum von Pflanzen zu beobachten: Sie sind groß, robust und wachsen schnell.

Schon bevor das eigentliche Experiment des Bohnenpflanzens beginnt, kann den Kindern anhand von Bildmaterial die Bohne und deren Wachstum erklärt werden.

Innerhalb der ersten sieben Tage bildet sich eine dicke Wurzel, aus der dann viele kleinere Wurzeln sprießen. Dann wird das erste Grün sichtbar: Aus dem Keimling, der sich im Inneren der Bohne befindet, hat sich ein Keimstängel gebildet. An diesem entfalten sich die ersten dicken Blätter. Würden wir die Pflanze draußen einpflanzen, würde sie immer größer werden, blühen und schließlich neue Bohnen bilden.

**Buchtipp:**
„Unsere Welt ist voller Abenteuer"
Februar 2011, Wehrfritz GmbH

Um die taktile Wahrnehmung anzuregen, dürfen die Kinder in die Bohnen greifen, die glatte Haut spüren, das Rascheln wahrnehmen – ein einzigartiges Erlebnis.

# Verborgenes sichtbar machen

Besonders anschaulich wird das Experiment, wenn Sie die Bohnen sichtbar vorkeimen lassen. Dafür legen Sie die Bohnen für etwa fünf Tage in eine niedrige Schale mit nasser Watte. Jetzt können die Kinder genau sehen, was passiert. Wie die Bohne aufbricht, eine Wurzel, Stängel und Blätter bildet – das alles passiert sonst verborgen in der Erde. Dann pflanzen Sie die Keimlinge gemeinsam in Blumenkästen und Blumentöpfe und beobachten das Wachstum in den kommenden Wochen. Das regelmäßige Gießen schon von der Keimsaat ist eine gern übernommene Aufgabe der Kinder.

Haben Sie dieses Experiment mit einer Kleingruppe durchgeführt, können Sie die Kinder ermuntern, im Morgenkreis darüber zu berichten.

## Tipp

*Sammeln Sie auf einer Fensterbank in einer kleinen Gießkanne das Regenwasser und lassen Sie die Kinder damit gießen. Was passiert, wenn es länger nicht regnet?*

Kinder pflanzen Bohnen ....

# Vom Einkaufskorb in den Kochtopf

Warum nicht mal einen Ausflug mit der Kleingruppe auf den Markt oder in den Bioladen unternehmen? Welche Gemüse- und Obstsorten erkennen die Kinder wieder? Bei der Gelegenheit können die Zutaten für die Gemüsesuppe gekauft werden, die gemeinsam zubereitet und verspeist wird.

## Rezept für 4-6 Portionen
# Gemüsesuppe

1 Zucchini
1 Paprikaschote, rot
1 Dose Kidneybohnen
1 große Zwiebel
3 Kartoffeln
1 Sellerie
2 große Möhren
1 Stange Lauch
2 Würste (Mettenden) oder Cabanossi
4 EL Olivenöl
Salz und Pfeffer aus der Mühle
1 ¼ Liter Gemüsebrühe, instant
1 EL Sojasauce, evtl.
Majoran und Petersilie

**Zutaten:**
Zunächst die Zwiebel schälen und klein würfeln. Möhren, falls nötig, schaben und in Scheiben schneiden. Paprika grob würfeln, Sellerie und Kartoffeln schälen und ebenfalls würfeln. Zucchini längs halbieren und in Scheiben schneiden. Den Lauch putzen und in Ringe schneiden. Die Wurst würfeln.

Das Olivenöl in einem Topf erhitzen und die Zwiebelwürfel darin glasig anschwitzen. Möhren und Sellerie dazugeben und ebenfalls anschwitzen. Die Kartoffeln und die Paprikaschote mitdünsten und Zucchinischeiben, Kidneybohnen und den Lauch dazugeben. Mit heißer Brühe aufgießen und mit geschlossenem Deckel bei kleiner Hitze etwa 20 Min. köcheln lassen.

In der Zwischenzeit die Wurstwürfel in einer Pfanne langsam ausbraten. Den Majoran und die Petersilie hacken. Am Ende der Kochzeit die Wurstwürfel und die Kräuter in die Suppe geben, 10 Min. ziehen lassen. Jetzt noch mit Salz, Pfeffer und etwas Sojasoße (wer mag) abschmecken.

## Wertvolles Grundnahrungsmittel
# Ei, Ei, Ei!

Nur wenige der Kinder unter drei Jahren hatten schon mal ein rohes Ei in der Hand! Natürlich muss man vorsichtig sein mit so einem Ei, aber es hält schon einiges aus. Wissen Ihre Kinder, wo das Ei herkommt und was man daraus alles machen kann? Ein Besuch auf einem Bauernhof oder entsprechendes Bildmaterial machen schnell klar, was es mit Ei und Henne auf sich hat. Wir brauchen Eier zum Kuchen und Pfannkuchen backen. Wir essen es als Spiegel-, Rühr- oder Frühstücksei. Beim gemeinsamen Kochen wird den Kindern schnell klar werden, woher das Rührei seinen Namen hat. Aber was hat es mit dem Spiegelei auf sich? Schauen Sie es sich gemeinsam mit den Kindern an. Der Begriff kommt übrigens von dem glänzenden Eiweiß. Und auf welch verschiedene Art und Weise kann man sein Frühstücksei essen (weich, wachsweich, hart)?

## Tipp

*Nach dem Kochen die Bioabfälle zum Kompost bringen und den Kindern den Grund für die Mülltrennung erläutern.*

## Tipp

*Fragen Sie nach den Frühstücksgewohnheiten der Kinder. Vielleicht bietet es sich an, verschiedene Kulturen aus der Gruppe mit speziellem Frühstück vorzustellen?*

# Ich wär so gern ein Huhn ...

## Fingerspiel
## „Lustige Hühner"

Zwischen Wildrosenhecken
spielen drei Hühner Verstecken.
*Die Hand mit den Fingerpuppen herzeigen.*
*Bei „Verstecken" die andere Hand davor halten.*

Das erste Huhn hat nichts zu tun,
will nur schlafen, will nur ruhen.
*Den Daumen mit dem Huhn vorstellen.*
*Die Hände aufeinander und an die Wange legen.*

Das zweite Huhn flattert davon,
Richtung Himmel, ab zur Sonn`.
*Den Zeigefinger mit der Fingerpuppe zeigen und*
*eine Flatterbewegung gen Himmel machen.*

Das dritte Huhn setzt sich in Trab,
zickelt, zackelt langsam ab.
*Die letzte Fingerpuppe hochhalten; dann mit zwei*
*Fingern eine Laufbewegung imitieren.*

## Bastelanleitung
## Fingerpuppe

**Benötigte Materialien:**
• Stift
• Schere
• Kleber
• bunten Filz
• Wackelaugen
• Schnur für das Huhn mit Baumelfüßen
• Locher

1. Je Huhn jeweils 2x Körper, 2x Flügel, 2x Füße, 1x Schnabel und 1x Hahnenkamm aufmalen und ausschneiden (Körper ca. 5 x 6 cm).

2. Den Hahnenkamm auf die Rückseite des ersten Körperzuschnitts kleben, anschließend Kleber auf der Außenkante aufbringen (unten aussparen) und Vorderseite aufkleben.

3. Bei dem Huhn mit Baumelfüßen werden in den vorderen Teil des Körpers zwei Löcher gestanzt und in die beiden Füße, die Schnur eingefädelt und ein Knoten zur Fixierung gemacht.

4. Wackelaugen, Schnabel, Füße und Verzierungen nach Belieben aufkleben.

# Backe, backe Kuchen...

## Rezept
# Rührkuchen

200 g Butter
200 g Zucker
4 Eier
1 Päckchen Vanillezucker
500 g Mehl (kann auch teilweise
durch Schokostreusel oder
Kakao ersetzt werden)
1 Päckchen Backpulver
¼ Liter Milch

**Zubereitung:**
Butter, Zucker und Vanillezucker
schaumig schlagen; Eier unterrühren.

Abwechselnd Mehl und Milch unterrühren;
unter den letzten Teil Mehl das Backpulver
geben. Teig in die gefettete Springform
geben und bei 250 °C (Ober-/Unterhitze)
ca. 50 Min. backen.

# Tipp

*Lassen Sie die
Kinder den Kuchen
mit dem Schnee-
besen rühren. Ohne elektrische
Unterstützung erfahren sie, wie
es sich anfühlt, diese „Bewegungs-
Energie" selbst aufzubringen.*

# Alles nur Müll oder tonnenweise Bastelmaterial?

Müll kommt in den Abfalleimer, dieser wird in die Tonne geleert und dann? Wir zeigen den Kindern, dass Müll nicht gleich Müll ist, wofür es die unterschiedlichen Behälter gibt und erzählen, wie Müll wiederverwertet werden kann. Dafür muss der Müll von großen Sortiermaschinen und teilweise auch von Hand nach den verschiedenen Materialien sortiert werden. Alte Verpackungskisten nutzen wir, um unsere eigene Sortieranlage zu bauen. Im Morgenkreis steht eine große Kiste mit verschiedenen Materialien – wer weiß, was wohin gehört? Wo kommt der Müll dann hin? Papier und Glas beispielsweise kommen in eigene Tonnen oder müssen zu einem Container gebracht werden. Wenn wir diese Materialien sammeln, kann daraus wieder neues Papier und neues Glas hergestellt werden. Die Wertstoffkette Papier kann durch das Experiment „Papier schöpfen" (Seite 24) mit den Kindern nachvollzogen werden. Wer einen Kompost im Garten besitzt, kann den Kindern vorführen, dass daraus wertvolle Erde wird. Bestimmt wird darin auch ein Regenwurm entdeckt – und dessen Lieblingsspeise ist gebrauchter Kaffeesatz! Es ist also nicht alles nur Müll, was in der Tonne landet – aus vielen Materialien können wir etwas basteln (siehe Seite 22/23) oder neues Papier und neue Erde herstellen.

## Tipp

*In die Schublade oder Kiste, die Sie mit allerlei Materialien zum Sortieren befüllt haben, können Sie Büroklammern streuen. Mit einem Magnet „angeln" die Kinder das wertvolle Metall gerne heraus.*

# Mülltrennung

## „Das Mülltrennerlied"

Wer will fleißige Mülltrenner seh'n,
der muss zu uns Kindern geh'n.
Trenne fein, trenne fein,
Verpackung kommt in die gelbe Tonne rein.

Wer will fleißige Mülltrenner seh'n,
der muss zu uns Kindern geh'n.
Trenne fein, trenne fein,
Restmüll kommt in die schwarze Tonne rein.

Wer will Müllvermeider seh'n,
der muss zu uns Kindern geh'n.
Packe ein, packe ein,
Obst und Brot in die Frühstücksbox hinein.

Wer will Super-Kinder seh'n,
der muss in den Kindergarten gehen.
Gesund woll'n wir sein
und sauber soll's sein,
drum halten wir unser'n Kindergarten rein.

Da die Mülltonnenfarben in Deutschland
regional unterschiedlich sind, sollte der
Text individuell angepasst werden.

### Geschichte
# Mampf, das Müllmonster

Eines Tages wollte Helen ihre Bananenschale in die Mülltonne werfen. Da hörte sie ein leises Wimmern: „Oje, oje, mein Bäuchlein tut so weh!" Sie schaute sich um, aber da war niemand. Sie öffnete die Mülltonne, und dort sah sie ein kleines grünes Wuschelmännchen auf dem Müll sitzen, das sich jammernd seinen Bauch rieb. „Wer bist denn du?" fragte sie das grüne Männchen überrascht. Ganz höflich antwortete das schmutzige Männchen: „Hallo, ich bin Mampf, ein Müllmonster – ich habe anscheinend etwas Falsches gefressen, denn ich habe furchtbare Bauchschmerzen. Kannst du mir helfen?" Helen hatte keine Ahnung, wie sie dem kleinen Müllmonster helfen sollte: „Wie soll ich dir denn helfen? Hast du etwa Müll gefressen?" Jetzt stand das Männchen etwas empört auf: „Ja natürlich habe ich Müll gefressen! Ich bin doch ein Müllmonster und wir Müllmonster lieben nun mal Müll! Sei doch froh, sonst hättet ihr bald riesige Müllberge, die euch ja gar nicht gefallen. Aber irgendetwas habe ich heute nicht vertragen. Es ist so dunkel hier drin, dass ich nicht immer sehe, was ich fresse. Ihr habt doch nicht etwa Batterien oder Glas in mein Haus geworfen? Von denen bekomme ich nämlich Bauchschmerzen".

Helen tat das kleine Müllmonster wirklich leid: „Also, ich wollte gerade meine Bananenschale wegwerfen. Magst du die?" Daraufhin wurde der kleine Kerl sogar ein bisschen zornig und sprang auf: „Bananenschale? Die gehört doch auf den Kompost!" Verzweifelt schüttelte Mampf den Kopf:

„Ich zeige dir, was ich gerne fresse." Er holte einen Kerzenstummel und einen alten Pinsel hervor, hielt ihr einen Staubsaugerbeutel entgegen und rief: „Das ist meine Leibspeise!" Jetzt kam Mampf so richtig ins Schwärmen: „In diesen verschlissenen Socken schlafe ich, das alte Spielzeug kann ich gut gebrauchen und eure alten Fotos sind für mich die schönsten Bilderbücher. Was ich aber nicht gebrauchen kann ist Papier, Glas, und vor dem, was von euren Pflanzen und vom Essen übrig ist, ekle ich mich sogar – das gehört auf den Kompost und ist nur was für Kompostmonster!"

Helen fand es sehr lustig, wie das kleine Monster begeistert im Müll wühlte: „Dein Bauchweh scheint ja schon besser zu sein!" „Ja", antwortete Mampf, während er genüsslich an einem Kugelschreiber kaute, aber es wäre toll, wenn du allen sagen würdest, was sie in die Tonne werfen dürfen und was nicht."

Helen versprach dem kleinen Müllmonster, sofort der ganzen Kindergruppe von ihm zu erzählen und dass sie in Zukunft bestimmt alle aufpassen würden, damit Mampf nie wieder so schreckliche Bauchschmerzen haben muss.

# Tipp

Um Mampf, das Müllmonster, vorzustellen, können Sie im Vorfeld ein kleines Sockenmonster basteln. Vielleicht möchten die Kinder dann auch selber so ein Sockenmonster kreieren. Dafür bringt jedes Kind einen alten Socken mit und schneidet aus Filz die Augen aus. Mit einem Filzstift die Pupillen aufmalen, aufkleben – fertig!

### Kreatives Arbeiten
# Müllsortieren macht Spaß!

**1.** Mampf, das Müllmonster, wohnt nicht nur im Müll, er mampft, also frisst ihn sogar liebend gern! Aber wenn der Müll falsch sortiert ist, kann es sein, dass Mampf Bauchweh von den Sachen bekommt! Deshalb helfen wir Mampf, gesund zu bleiben, indem wir extra Tonnen für das basteln, was Mampf nicht verträgt. So kann das Papier, das Metall oder Glas wiederverwertet werden und liegt unserem lieben Mampf nicht im Magen!

**2.** Besonders von Papier, Verpackungen und Glas bekommt Mampf „Müllmagenkrämpfe". Auch Batterien gehören nicht in den Restmüll. Einige Sachen werden später von der Müllabfuhr abgeholt, manches müssen wir selbst zu einer Sammelstelle bringen. Aber auf keinen Fall wollen wir den kleinen Mampf damit gefährden.

PIZZA

**3.** Jetzt geht das Müll sortieren ganz einfach und schnell! Die Kinder verinnerlichen das Sortieren im Nu und leiten andere an, was wohin gehört! Neues Wissen wird eben am besten durch das eigene Tun vermittelt. Und Mampf kann sich sicher sein, nichts mehr fressen zu müssen, was ihm nicht guttut.

## Tipp

*Oft hat das zuständige Amt für Abfallwirtschaft nützliche Publikationen oder Anschauungs- materialien, die auf Anfrage gerne zur Verfügung gestellt werden.*

## Spielidee

*Sammeln Sie Bilder von verschiedenen Abfallmaterialien. Kleben Sie die Bilder auf Pappkarten und laminieren Sie diese. Alle Bildkarten erhalten auf der Rückseite einen entsprechenden Farbpunkt. Diese entsprechen den selbst gebastelten Mülltonnen (oder Eimer verwenden): Gelb steht für Kunststoff, Braun für Bioabfall, Blau für Papier und Schwarz für Restmüll.*

*Nun rufen Sie eine Farbe, zum Beispiel „Gelb". Die Kinder rennen zu den Bildkarten, suchen sich ein „Müllteil" aus und werfen es in die gelbe Tonne. Sind alle Karten einsortiert, schauen Sie gemeinsam mit den Kindern nach, ob der „Müll" in der richtigen Tonne gelandet ist.*

## Tipp

*Damit der Müll nicht überhand nimmt, ist es natürlich sinnvoll, sich auch mit der Müllvermeidung zu beschäftigen. Unsere Brote packen wir in Dosen statt in Frühstücksbeutel, Säfte und Milch kaufen wir besser in wiederbefüllbaren Glasflaschen. Beim Einkaufen können wir mit Stofftaschen die Einweg- Plastiktüten weglassen. Auf lange Sicht spart das sogar Geld und schont die Umwelt.*

## Müllverwertung
# Der Müll von gestern – das Produkt von morgen!

Kreatives Arbeiten mit kostenlosen Materialien ist auch eine Art der Müllvermeidung. Dadurch hat der Abfall noch einen Nutzen und belastet nicht die Umwelt. Aus vielen Verpackungen können noch nützliche, kreative und fantasievolle „Kunstobjekte" werden.

# Tipp

*Diese Art der Müllvermeidung lässt sich einfach in den Krippenalltag - auch nach dem Projekt - integrieren. Sammeln Sie leere Klopapierrollen, Joghurtbecher oder Milchtüten und verwenden Sie diese als Bastelmaterial.*

## Bastelanleitung
# Taschentuchbox

1. Schachtel einfarbig bemalen oder mit Tonpapier bekleben.
2. Aus Tonpapier schwarze Kreise ausschneiden und auf die Schachtel kleben.
3. Eine längliche Öffnung in den Deckel schneiden.
4. Beine: 6 Tonpapierstreifen ziehharmonikaartig falten (für kleinere Kinder Pfeifenputzer verwenden) und am Körper festkleben.
5. Fühler: Tonpapierstreifen um einen Stift legen, abziehen und am Kopf festkleben.
6. Wackelaugen ankleben und Nase und Mund aufmalen.
7. Taschentücher in die Box legen.

Ich war mal eine Käseschachtel!

**Benötigte Materialien:**
- Schachtel
- Taschentücher
- Tonpapier
- Farbe
- Wackelaugen

# Wir stellen eine Gipsfigur mit Hilfe von leeren Milchtüten her

## Bastelanleitung
## Gipsfiguren

1. Verschiedene Tetra-Packs bzw. Milchtüten am oberen Rand aufschneiden, auswaschen und trocknen.

2. Nun wird der flüssige Gips in die Tüten eingegossen – nicht zu schnell oder zu langsam, da sich sonst Blasen bilden. Nach dem Anrühren möglichst schnell verarbeiten, da er sonst eintrocknet.

3. Behälter und Werkzeug reinigen.

4. Nach etwa 20 Minuten hat der Gips abgebunden (beim Auflegen einer Hand ist eine Hitzeentwicklung spürbar).

5. Nachdem der Gips fest und erkaltet ist, kann der Karton aufgeschnitten werden und die Skulptur für ca. 2 Tage zum Trocknen gestellt werden.

6. Im Anschluss können die Skulpturen von den Kindern farbenfroh gestaltet werden.

## Tipp

*Gipspulver richtig anrühren:*

*Grundsätzlich gilt beim Anrühren von Gips die Regel, dass immer der Gips in das Wasser eingerührt werden muss und nicht umgekehrt. Hierzu eignen sich besonders spezielle Gipsbecher aus Gummi, die sich einfach reinigen lassen und ein Quirl. Beim Mischungsverhältnis folgen Sie bitte der Anweisung auf der Packung (ca. 1 Teil Wasser und 2 Teile Gips).*

Große Kunstwerke der ganz Kleinen

Buchtipp:
„Unsere Welt ist voller Farben."
März 2010, Wehrfritz GmbH

23

# Wir schöpfen Papier

Oje, wir haben kein Malpapier mehr – was nun? „Neues kaufen!", werden die meisten Kinder sagen, aber vielleicht hat ja auch Mampf, das Müllmonster, eine Idee? Sein Vorschlag, aus dem gesammelten Papier in der Papiertonne neues zu machen, ist eine interessante Beschäftigung für die nächsten Tage.

Bei schönem Wetter empfiehlt es sich, die Aktion nach draußen zu verlegen. So können die anderen spielen, während der Erzieher/die Erzieherin genügend Zeit und Muße hat, um mit jedem Kind das Papier zu schöpfen. Außerdem muss draußen natürlich weniger auf Wasserspritzer etc. geachtet werden.

*Einen Sieb zum Papier schöpfen müssen Sie nicht extra kaufen: Biegen Sie sich einen alten Drahtbügel zurecht und überziehen Sie diesen mit einer Feinstrumpfhose – fertig ist der Schöpfrahmen.*

## Aus alt mach neu!

**1.** Zunächst wird das Papier in einem Aktenvernichter oder stromsparend per Kinderhand zerkleinert. Dafür eignen sich Eierkartons oder nach Farbe sortiertes Buntpapier, nicht aber glänzendes oder beschichtetes Papier.

**2.** Die Papierfetzen werden mit heißem Wasser übergossen und über Nacht stehen gelassen. Am nächsten Tag kann das eingeweichte Papier mit Hilfe eines Stabmixers in feinen Brei, die sogenannte „Pulpe", verwandelt werden.

**3.** Die Pulpe wiederum wird im Verhältnis von 1:4 mit Wasser gründlich vermischt. Für das Papierschöpfen braucht man eine Schüssel oder Wanne, die breit genug ist, um den Schöpfrahmen darin bequem einzutauchen.

# Tipp

*Selbstgemacht von A-Z: Auf dem selbst geschöpften Papier wurde nach einer zusammenfassenden Gesprächsrunde ein individuelles Bild gestaltet.*

**4.** Der Schöpfrahmen kann ein altes Spritzsieb von einer Pfanne oder ein Stickrahmen sein (siehe Tipp oben). Nun tauchen die Kinder ihr Sieb ein, halten es anschließend wie ein Tablett und schöpfen so ihr Papier.

**5.** Erst lassen die Kinder den Rahmen gut abtropfen. Dann legen sie eine Filzmatte oder einen alten Wollstoff auf den Rahmen. Schöpfrahmen und Filzplatte werden umgedreht und möglichst viel Wasser herausgepresst.

**6.** Den Rahmen nimmt man ab, legt noch ein Tuch auf das Papier und bearbeitet das Ganze mit dem Nudelholz. Das schon fast trockene Papier hängen Sie vorsichtig an einer Leine auf oder legen es auf die Heizung.

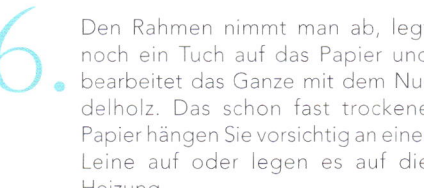

# Was ist Energie?

Das Wort Energie kommt aus dem Griechischen und bedeutet „Tatkraft". Sie ist notwendig, um etwas in Bewegung zu setzen, etwas schneller zu machen, um etwas hochzuheben oder zu erwärmen. Jeder von uns hat eine gewisse Energie, noch viel stärker ist allerdings Strom. Er ist zwar unsichtbar, aber seine Auswirkungen sehen wir überall um uns herum. Wir benutzen ihn zum Kochen, für elektrisches Licht und vieles mehr.

Woher aber kommt der Strom? Die Natur stellt uns Quellen zur Verfügung, die wir nutzen können, ohne dass sie jemals verbraucht sind. Das sind die Sonne, das Wasser und der Wind. Deren Wärme und Bewegungsenergie können wir in Strom umwandeln.

Um den Kindern vor Augen zu führen, wofür Strom benötigt wird, eignet sich ein Zuordnungsspiel mit Bilderkarten. Legen Sie dazu Bilderkarten von Geräten, die früher benutzt wurden, aus, wie zum Beispiel Bilder von einem Waschbrett, einer Kerze, einem Schneebesen, einem Kehrbesen, einer Feuerstelle usw. Anschließend ordnen die Kinder die strombetriebenen Geräte von heute zu: Waschmaschine, Energiesparlampe, Mixer, Staubsauger, Elektroherd etc.

# Tipp

*Angelehnt an das bekannte Spiel „Alle Vögel fliegen hoch" werden verschiedene Geräte abgefragt. Bei „Alle Lampen brauchen Strom" reißen die Kinder die Hände in die Luft; bei „Alle Tische brauchen Strom" bleiben die Hände unten.*

# Spielidee

*Gehen Sie mit den Kindern zusammen auf „Strompirsch" – in welchen Räumen Ihrer Einrichtung gibt es die meisten elektrischen Geräte und Steckdosen? Kennzeichnen Sie diese mit orangefarbigen Elektro-Pfeilen. Dabei ist es wichtig, die Kinder auf die Gefahren des Stroms hinzuweisen, ohne aber Angst zu erzeugen.*

## Die Sonnenenergie erleben
# Solar – na klar!

Bei einem Spaziergang durch den Ort kann man mittlerweile viele Solarmodule auf Hausdächern entdecken, vielleicht gibt es sogar ein Solarfeld in Ihrer Nähe. Es gibt Sonnenkollektoren, die mit Wasser befüllt sind: Das Wasser in den Kollektoren wird von der Sonne erhitzt und durch Schläuche ins Haus geleitet. Dort wird es in einem großen Speicher aufbewahrt. Damit können die Hausbewohner nun waschen, duschen etc. oder es für die Heizung nutzen. In Fotovoltaikanlagen dagegen befindet sich ein spezielles Metall (Silizium). Durch die Erwärmung der Sonne wird das Metall in Bewegung versetzt und es entsteht Strom.

Anschließend verdeutlicht ein Gespräch den Kindern, was die Sonne alles kann: Wäsche trocknen, Wärme spenden, Licht geben, den Tag anzeigen, Sonnenbrand verursachen, Pflanzen wachsen lassen, gute Laune erzeugen.

## Fingerspiel
# „Die Sonne"

*Die Sonne, die ist gelb und rund.*
Gelben Kreis in die Handinnenflächen des Kindes malen

*Sie hat zwei Augen und nen Mund.*
Augen und Mund in den Kreis malen.

*Und auf die Finger malen*
Sonnenstrahlen auf alle Finger malen

*wir viele Sonnenstrahlen.*

Quelle: Dörte Klehe

# Tipp

*Für eine „Fingerheizung" bekleben Sie Tonpapier mit Alufolie. Formen Sie daraus einen Trichter, dessen kleine Öffnung auf den Finger passt. Wird der Finger nun in die Sonne gehalten, kann man die Wärme ganz deutlich spüren.*

# Spielidee
### zur
## Wortschatzerweiterung

*Füllen Sie einen Sack oder einen Kissenbezug mit lauter „Sonnen-Sachen": Sonnencreme, -blume, -hut, -brille, -uhr, -schirm. Von Sachen, die Sie nicht zur Hand haben, können Sie ein Foto hineinlegen. Jedes Kind darf nun einen Gegenstand herausholen und benennen.*

## Sonnen- und Windenergie
# Der Wind ist ein Sonnenkind

Die Wärmeenergie der Sonne ist für die Kinder gut nachvollziehbar. Die Sonne erwärmt auch die Luft. Diese bewegt sich und steigt nach oben. Die flirrende Luft können die Kinder gut über einem Toaster oder über einer erhitzten Teerstraße beobachten. Dadurch, dass die Erdoberfläche sich unterschiedlich stark erwärmt, entstehen Hoch- und Tiefdruckgebiete.
Am Meer beispielsweise weht ständig ein mehr oder minder starker Wind. Das liegt daran, dass sich die Luft über dem Land stärker erwärmt, als die Luft über dem Wasser. Die warme Luft steigt nach oben und in den frei werdenden Raum strömt kalte Luft nach.

## Bastelanleitung
### Windtüte

**Benötigte Materialien:**
- Tetrapak
- Plakatfarbe und Pinsel
- Cutter oder Schere
- Stopfnadel
- Schnur

1. Einen Tetrapak vorsichtig öffnen, sauber ausspülen, trocknen lassen und mit 2-3 Schichten unverdünnter Plakatfarbe bemalen.
2. In jede Wand mit dem Cutter oder einer spitzen Schere eine Tür einschneiden und nach außen klappen.
3. Das Dach wieder zusammenfalten. Durch die Mitte des Giebelstegs ein Loch stechen, eine Schnur zum Aufhängen einfädeln und verknoten.

**Ergebnis:** Mit der Windtüte können die Kinder nicht nur Restmaterial verwerten und die Bewegung der Luft sichtbar machen, sondern haben selbst ein schönes Windspiel angefertigt.

## Tipp

*Ein aufgebauter Sonnenparcours zeigt, wie die Energie der Sonne Dinge bewegt: Kaltes Wasser erwärmt sich (Thermometer benutzen oder einfach den Finger hinein halten), Metall wird heiß, Schokolade schmilzt, buntes Papier bleicht aus, wenig Wasser wird „weggezaubert!"*

# Sonnenpoesie

## Gedicht

## Ich bin die Mutter Sonne

Ich bin die Mutter Sonne und trage
die Erde bei Nacht, die Erde bei Tage.
Ich halte sie fest und strahle sie an,
dass alles auf ihr wachsen kann.
Stein und Blume, Mensch und Tier,
alles empfängt sein Licht von mir.
Tu auf dein Herz wie ein Becherlein,
denn ich will leuchten auch dort hinein!
Tu auf dein Herzlein, liebes Kind,
dass wir ein Licht zusammen sind!

Quelle: Christian Morgenstern

## Tipp

*Mithilfe von Steinen, Blu-
men, Bildern von Tieren
und der Sonne kann man
den Kindern das Gedicht
während dem Vortragen
veranschaulichen.*

## Bewegungsspiel

## „Sonne, scheine"

*Scheine, Sonne, scheine – wärme mein Gesicht,
scheine auf meine Arme, vergiss die Hände nicht.*
Hände zunächst auf das Gesicht legen,
dann über die Arme bis zu den Händen streichen.

*Sonne, Sonne scheine – schein mir auf den Bauch,
mein Hals und mein Rücken spüren deinen Hauch.*
Über Bauch, Hals, Rücken streichen

*Sonne, Sonne scheine – wärme meinen Po,
und auch meine Beine, das gefällt mir so.*
Über Po und Oberschenkel streichen

*Sonne, Sonne scheine – ich fühl dich bis zum Knie,
sogar meine Waden genießen heut wie nie.*
Über Knie und Waden streichen

*Scheine, Sonne, scheine – strahl mir auf den Fuß,
meine Zehen wackeln dir dankbar einen Gruß.*
Mit den Zehen wackeln

Quelle: Ute Lantelme

## Bildungsbereich Musik
# Melodien zum Strahlen

## „Sonnenstrahlen"

*Zehn kleine Sonnenstrahlen*
*scheinen auf und nieder,*
*zehn kleine Sonnenstrahlen*
*tun das immer wieder.*

*Zehn kleine Sonnenstrahlen*
*scheinen ringsherum,*
*zehn kleine Sonnenstrahlen*
*finden das nicht dumm.*

*Zehn kleine Sonnenstrahlen*
*spielen gern Versteck,*
*zehn kleine Sonnenstrahlen*
*sind auf einmal weg.*

## „Unsere Sonne"

*Und sie lässt die Pflanzen wachsen wenn sie strahlt –*
*sprieß, sprieß :|*

*Wenn wir Pflanzen essen, fühlen wir uns stark –*
*stark, stark :|*

*Und dann können wir schnell laufen oder gehen –*
*stampf, stampf :|*

## Die Energie des Wassers erleben
# Wasser Marsch!

Ein Spaziergang zu einem rauschenden Bach, einem Wehr an einem Fluss, einer alten Mühle oder sogar einem Wasserkraftwerk ist ein gelungener Einstieg in das Thema Wasserenergie. Dabei kann man die Eigenschaften des Wassers herausarbeiten: Es ist nass und kalt. Es fließt schnell oder langsam. Wasser kann etwas fortbewegen und hat Kraft. Alle Kinder werfen gerne Steine ins Wasser und beobachten, wie Zweige und Blätter vom Wasser mitgerissen werden. Die Fließkraft des Wassers nutzen Menschen seit langer Zeit - zum Beispiel, um mit Schiffen, Flößen oder Booten zu fahren und Dinge zu transportieren. Früher trieben Wasserräder Getreide- oder Sägemühlen an. Heutzutage wird das Wasser sogar extra gestaut, um die Energie des abfließenden Wassers aufzufangen und in elektrische Energie umzuwandeln.

# Tipp

*Beim Spielen am Bach sammeln die Kinder Steine. Dabei fällt auf, dass alle Steine mehr oder weniger rund sind. Warum? Sie sind vom Wasser mitgenommen und dabei rund geschliffen worden. Viele Steine haben schon tausende Kilometer hinter sich.*

# Die Seefahrt und unsere Umwelt!

Wasser setzt riesige Schiffe in Bewegung. Sie transportieren auf ihm Erdöl, Lebensmittel und Autos. Die Tanker und Containerschiffe benötigen aber auch Motoren. Um die Motoren anzutreiben, verbrennen diese sogenanntes Schweröl. Dabei entstehen viele giftige Gase und Schlamm, der im Hafen aus dem Schiff abgepumpt werden muss. Um die Kosten für diese Entsorgung zu sparen, kippen viele Reeder (Schiffseigner) den Schlamm verbotenerweise ins Meer.

Unsere Walnussschalen-Boote benötigen dagegen keinerlei Kraftstoff und sind aus umweltfreundlichem Material gebaut. Die Schiffchen können deswegen auch auf einem Bach ausgesetzt werden, ohne dass wir die Umwelt damit belasten.

## Bastelanleitung
## „Walnussschalen-Boote"

**Benötigte Materialien:**
- Walnüsse (Walnusshälften)
- Salzteig
- Recycling-Papier
- Schere
- Buntstifte
- Holzstäbe

1. Die Walnuss öffnen und den Kern entfernen (zum Knabbern oder Backen verwenden).
2. Ein kleines Stück Salzteig zur Kugel formen und in die Nusshälfte drücken.
3. Ein Fähnchen aus Papier ausschneiden, bemalen und auf einen Holzstab aufschieben.
4. Den Holzstab entsprechend kürzen und in den Salzteig der Walnusshälfte stecken.

Und schon ist unser Boot klar zum Stapellauf!

# Tipp

*Der sogenannte Auftrieb ist auch eine Kraft des Wassers. In einer Schüssel können Kinder beobachten, welche Gegenstände schwimmen und welche untergehen. Eine Kugel aus Knetmasse geht unter. Wenn wir aber eine kleine Schüssel daraus formen, schwimmt sie plötzlich!*

# Die Kraft des Wassers sehen und spüren

Wasserspiele sind besonders beliebt bei den Kindern – fließendes Wasser aus dem Wasserhahn oder Gartenschlauch fasziniert die kleinen Energieforscher! Mit einem eigenen Wasserrad können sie die Kraft des Wassers sehen und spüren:

## Bastelanleitung
### Wasserrad

**Benötigte Materialien:**
- Messer
- feste Unterlage
- Schaschlikspieße aus Holz
- Mundspatel aus Holz, in zwei Teile gebrochen
- Weinkorken
- Trinkhalm

**1.** Vorab sollten Sie durch jeden Korken längs ein kleines Loch bohren (zum Beispiel mit einem Kreuzschraubendreher).

**2.** In die Längsseite schneiden Sie vier Schlitze. Nun können die Kinder den Schaschlikspieß durch das Loch schieben und in die Schlitze die Mundspatel schieben.

**3.** Den Trinkhalm schneiden die Kinder mit einer Schere auseinander und schieben die zwei Teile links und rechts auf den Schaschlikspieß.

**Ergebnis:** Jetzt können die Kinder ihr Wasserrad unter das fließende Wasser oder in einen Bach halten. Schnell entdecken sie, wie sie das Rad halten müssen, damit es in Bewegung gesetzt wird. Das Wasserrad ähnelt der Turbine (Strömungsmaschine) in einem Wasserkraftwerk. Sie fängt die Bewegungsenergie des Wassers auf und ein Generator (Umwandlungsmaschine) wandelt diese dann in elektrische Energie (Strom) um.

## Windenergie erleben
# Wind, Wind, du himmlisches Kind!

Im Sitzkreis beginnt das Thema Wind mit einem Lied. Anschließend werden die Kinder gefragt, welchen Wind sie kennen und mögen. Ist es die leichte Brise an einem heißen Sommertag oder der stürmische Herbstwind, der die Blätter tanzen lässt? Sicher fällt ihnen ein, womit wir Wind selber machen können.

## Wind, Wind, fröhlicher Gesell

mündlich überliefert

Wind, Wind, Wind, Wind, fröh-li-cher Ge-sell
bläst um al-le E-cken, willst uns im-mer ne-cken.
Wind, Wind, Wind, Wind, fröh-li-cher Ge-sell!

*Wind, Wind, Wind, Wind fröhlicher Gesell,
jagst die grauen Wolken,
können dir kaum folgen,
Wind, Wind, Wind, Wind fröhlicher Gesell!*

*Wind, Wind, Wind, Wind fröhlicher Gesell
komm daher mit Brausen,
lass mein Rädchen sausen,
Wind, Wind, Wind, Wind fröhlicher Gesell!*

## Mitmach-Reim
# Der Sturm

*Viele Bäume stehen im Kreise*
Kinder stehen mit gehobenen Armen im Kreis

*und der Wind bewegt sie leise.*
Fingerspitzen bewegen sich, leicht pusten dazu

*Da kam ein Sturm geflogen,*
etwas mehr pusten

*der hat die Bäume gebogen.*
Über Po und Oberschenkel streichen

*Der Sturmwind knickt sie beinahe um,*
heulen wie der Wind und sich immer schneller bewegen

*wirbelt die Blätter im Kreis herum.*
Finger bewegen sich, evtl. auch im Raum herum laufen

*Doch ist der Sturmwind wieder fort,*
alle sind wieder still

*steht jedes Bäumchen an seinem Ort.*
jeder steht ganz still an seinem Fleck

# Tipp

*Mit Federn, die Sie an einer Leine befestigen, kann der kleinste Luftzug beobachtet werden. Mit einem Fächer können Kinder selber Wind machen, ein Fön oder Ventilator braucht dafür Strom.*

## Schwungtuchspiel
### „Kinder-Wind"

*Kinder, ihr seid jetzt der Wind!*
Kinder nehmen das Schwungtuch vorsichtig hoch

*Es weht eine leichte Brise.*
Kinder gehen im Kreis

*Doch jetzt wird der Wind stärker.*
Kinder laufen schneller

*Da flaut der Wind wieder ab.*
*Es weht kein Lüftchen.*
Kinder stehen ganz still

*Eine Windböe reißt das Tuch hoch.*
Tuch nach oben reißen

*Mit Gebrause zieht ein Sturm auf.*
Schwungtuch immer schneller nach oben und unten bewegen

*Dann zieht der Wind weiter,*
*ist nur noch ein Hauch.*
Kinder setzen sich wieder

## Bastelanleitung
# Windrad

**Benötigte Materialien:**
- Schere
- Locher
- Papier
- Klebestreifen
- Beutelklammer
- Holzstift

1. Zunächst ein Quadrat aufzeichnen und ausschneiden.
2. An den Ecken ungefähr bis zur Hälfte hin einschneiden.
3. Jedes so entstandene Dreieck an einer Ecke lochen. Außerdem braucht das Quadrat mittig ein Loch.
4. Die Klammer durch alle vier Löcher und zum Schluss durch das mittige Loch stecken.
5. Jetzt kann die Beutelklammer um den Holzstift herum gebogen werden. Mit Klebestreifen fixieren und fertig ist das Windrad!

# Tipp

*Vielleicht gibt es in Ihrer Nähe ein Windrad anzusehen? Je nachdem, wo eine Windkraftanlage steht und wieviel Wind es dort gibt, kann sie unterschiedlich viel Strom erzeugen. Ein Windpark mit ungefähr 20 Windrädern am Meer kann ca. 50 000 Haushalte mit Strom versorgen – das entspricht in etwa einer mittelgroßen Stadt.*

## Projekt-Dokumentation
# Überblick und Einblick zugleich

Sowohl Eltern als auch Erzieher/innen profitieren von einer gründlichen Projekt-Dokumentation. Die Eltern freuen sich über eine kontinuierliche Information über den Projektverlauf und sind damit auch gedanklich involviert. So können die Gespräche auch zuhause weitergeführt werden. Wir nutzen kurze Tür-Angelgespräche und ein ausliegendes Projektbuch mit Fotodokumentation, um die Eltern auf dem Laufenden zu halten. Für jedes Kind legen wir außerdem ein Portfolio an, in dem Notizen zu den Aktionen, bezogen auf das einzelne Kind, festgehalten werden. Ein weiteres Medium, das unsere Eltern sehr schätzen, ist die Videodokumentation. Sie gewährt Einblick in die pädagogische Arbeit und zeigt die Kinder quasi „in Echtzeit", wie es in einer Hospitation nicht möglich ist. Für die Projektbegleiter ist die gesamte Dokumentation von großem Nutzen, weil sie den Überblick gewährleistet. Sie hält auf Kurs und zeigt auch Erziehern/innen, die im Urlaub oder krank waren, was schon alles geschafft wurde. Später kann ein angelegter Projektordner auch als Leitfaden für ein neues Projekt herangezogen werden.

*Schau mal Mama, das hat total Spaß gemacht....!*

## Projektabschluss
# Nachhaltigkeit kennt kein Ende

Ganz im Sinne der Nachhaltigkeit sollte dieses Projekt kein Ende im eigentlichen Sinne haben. Im Laufe der Zeit fließen die Inhalte und Intentionen in die gesamte Arbeit und das Zusammensein mit den Kindern ein. Es ist schön zu beobachten, wie die gesäten Körnchen wachsen und Früchte tragen. Zum Beispiel, wenn die Kinder von selbst auf Ideen kommen, was sie mit dem „Müll" basteln könnten oder wenn sie beim Einkaufen darauf achten, woher die Produkte stammen. Nachhaltigkeit ist so ständig präsent und wird im täglichen Miteinander gelebt.

# Tipp

*In bestimmten Situationen, zum Beispiel, wenn die Kinder mit dem Lichtschalter spielen, können Sie die Kinder daran erinnern, sparsam mit unseren Energien umzugehen. Stellen Sie aber beim Händewaschen fest, dass die Kinder gerade das Bedürfnis zu plantschen haben, wäre es besser, dieses zu befriedigen statt es zu verbieten. Sparen Sie dann Wasser, indem Sie den Ablauf verschließen.*

## Reflexion
# Wir waren nachhaltig beeindruckt!

Das Projekt hat uns wieder einmal vor Augen geführt, wie aufnahmefähig und neugierig die Kleinen sind. Aber auch, dass sie bereits erstaunlich viel wissen. An den jeweiligen Wissensstand sollte man anknüpfen und die Inhalte immer gekoppelt mit Anschauungsmaterial oder Handlungen vermitteln.

### Den Wert der Welt be-greifen!

Bildmaterial und Sachen zum Anfassen, Schmecken, Riechen, Ausprobieren, sprechen alle Sinne der Kinder an. Über das Vorführen und Mitmachen konnten die Kinder den Wert des Gelernten begreifen, wie zum Beispiel beim Rührei zubereiten oder Bohnen pflanzen. Die Kinder nutzten aber auch die ausgestellten Fotos und ihr eigenes Portfolio, um das Gewesene zu kommentieren. So sprachen sie gemeinsam mit ihren Eltern darüber und konnten die Samen der Nachhaltigkeit weiter verbreiten.

## Das Gelernte anwenden

Ist das Projekt Nachhaltigkeit erst einmal angestoßen, werden die Inhalte mit Sicherheit ganz automatisch in die tägliche Praxis einfließen. Angefangen beim Licht ausschalten, beim Verlassen des Raums und sparsamen Wassergebrauch bis zum richtigen Lüften und Heizen. Das Verantwortungsbewusstsein kann schon bei den Kleinsten gefördert werden, indem wir ihnen mit Projekten wie diesem unsere schützenswerte Welt und deren Zusammenhänge vertraut machen.

## Nachhaltigkeit als fester Bestandteil einer Kinderkrippe

Je früher die Samen der Nachhaltigkeit gestreut werden, desto eher werden sie Früchte tragen. Bei der Durchführung dieses Projekts wird bestimmt jede Einrichtung einen Weg für sich entdecken, um den Kindern dauerhaft die Möglichkeit zu geben, sich mit unserer Welt vertraut zu machen. Vielleicht können Sie einen Kompost anlegen (das geht auch auf einem Balkon), eine Solaranlage integrieren oder regelmäßig zusammen für ein gesundes Frühstück einkaufen gehen. Auch beim Spielen in der Natur kann man durch eine bewusste Wahrnehmung die Wertschätzung fördern. Die Möglichkeiten sind vielfältig, wir müssen sie nur nutzen – für unsere eine, wertvolle Welt!

„Sind die Kinder klein, müssen wir ihnen helfen,
Wurzeln zu fassen. Sind sie aber groß,
müssen wir ihnen Flügel schenken."

# Die Autorin

Beatrix Hirsch wurde am 20.09.1961 in Gütersloh/ Westfalen geboren und ist seit 1981 ausgebildete Erzieherin. Sie hat drei mittlerweile erwachsene Kinder. Als diese noch kleiner waren, arbeitete Beatrix Hirsch als Tagesmutter – insgesamt 10 Jahre lang. 2004 kam sie nach Bad Rodach, um die Kinderkrippe der HABA-Firmenfamilie Luise Habermaaß mit aufzubauen. Seither ist sie dort als leitende Erzieherin tätig. Sie legt großen Wert auf Weiterbildungsmaßnahmen. Auch das Projekt „Unsere Welt ist wertvoll" war Folge einer Fortbildung zum Thema Nachhaltigkeit. Mit den in der Praxis umgesetzten Themen Müll und Ernährung nahm Beatrix Hirsch an einem Wettbewerb des Landesbundes für Vogelschutz in Bayern e.V. teil. Mit Unterstützung des bayrischen Staatsministeriums für Umwelt und Gesundheit vergibt dieser jährlich Preise für Kindertagesstätten, die sich besonders für das Thema Umwelt und Nachhaltigkeit engagieren. Das Projekt überzeugte die Jury und erhielt die begehrte „Öko-Kids" Auszeichnung.

Projektarbeit ist für Beatrix Hirsch ein wichtiges Mittel, Kinder schon im Krippenalter angemessen zu fördern und ihnen mehr zuzutrauen. Ihre umfangreichen Dokumentationen stellt sie gerne zur Verfügung, um andere Erzieherinnen und Erzieher bei ihrer Projektarbeit zu unterstützen. In der Reihe zur frühkindlichen Projektarbeit sind bereits „Unsere Welt ist voller Farben" von Beatrix Hirsch und „Unsere Welt ist voller Abenteuer" von Ute Lanthelme bei Wehrfritz erschienen.